Grands Événements | numéro 4

LA GUERRE FROIDE,
UN COMBAT DE LONGUE HALEINE

Quand l'URSS
et les États-Unis
se partagent le monde

par Xavier De Weirt

50MINUTES

Avec la collaboration de Thomas Jacquemin

LA GUERRE FROIDE

- **Quand ?** Entre 1947 et 1991
- **Où ?** En Amérique, en Europe, en Asie et en Afrique
- **Contexte ?** Conflit idéologique opposant l'Union soviétique aux États-Unis suite à la Seconde Guerre mondiale (1939-1945)
- **Protagonistes ?**
  - Joseph Staline, homme d'État soviétique (1878/1879-1953)
  - Andreï Jdanov, homme politique soviétique (1896-1948)
  - Harry S. Truman, homme d'État américain (1884-1972)
  - George F. Kennan, diplomate américain (1904-2005)
- **Issue ?** Victoire des États-Unis
- **Répercussions ?**
  - La fin de l'ordre bipolaire
  - La mondialisation
  - Les inégalités Nord-Sud
  - Les guerres ethniques
  - L'islamisme radical
  - Le terrorisme international

INTRODUCTION

La Seconde Guerre mondiale s'achève avec la capitulation du Japon le 14 août 1945, au lendemain des bombardements atomiques sur Hiroshima et Nagasaki. Les États-Unis et l'Union soviétique ressortent renforcés du conflit ; l'Europe, elle, est exsangue. Les deux grandes puissances tentent alors de s'accorder pour organiser la paix mondiale, mais des tensions apparaissent très rapidement entre ces régimes politique et économique que tout oppose.

De 1947 à 1953, une première phase d'affrontements entre les deux superpuissances divise l'Europe et l'Asie en deux blocs politiques et militaires. La maîtrise conjointe de l'armement nucléaire dissuade cependant l'ouverture à un conflit mondial généralisé. Dès lors, ce sont sur les marges d'un espace Est-Ouest cadenassé qu'éclateront les conflits armés, engendrant plusieurs millions de morts. Russes et Américains rivalisent sur leur potentiel de destruction et s'engagent dans une impressionnante course à l'armement, créant les conditions de l'existence d'un monde bipolaire stabilisé. Mais lorsque surgit la crise des missiles de Cuba, en 1962, la guerre nucléaire entre les deux grands est évitée de justesse. Apparaît alors l'idée qu'un contrôle plus strict des arsenaux militaires est nécessaire, et même urgent.

Au milieu des années soixante, l'hégémonie des deux grandes puissances connaît quelques failles. La décolonisation, la montée en puissance de nouveaux acteurs, les difficultés économiques et les critiques acerbes de l'opinion publique mondiale portent en effet atteinte aux bases mêmes du condominium (droit de souveraineté exercé par plusieurs États sur un territoire) américano-soviétique, imposant une phase de détente entre les deux blocs.

À la fin des années soixante-dix, de nouvelles tensions relancent les craintes d'une guerre mondiale. L'invasion de l'Afghanistan par les troupes soviétiques, en décembre 1979, plonge la fédération dans une grave crise sociale, politique et économique. Lorsque Mikhaïl Gorbatchev arrive au pouvoir en 1985, on pense la fin de la guerre avec les États-Unis proche. Mais les dernières tentatives de réforme de l'appareil soviétique entraînent des divisions au sein du parti communiste, alors qu'à travers le monde les économies socialistes commencent à s'écrouler. L'Union soviétique s'effondre définitivement en 1991, mettant fin à la guerre froide qui, lourde de conséquences, dessinera les contours de l'avenir mondial.

CONTEXTE

L'UNION DES PUISSANCES

Au mois de juin 1941, en pleine guerre mondiale, une grande alliance est nouée entre des pays en totale opposition idéologique. Afin de mettre en commun les ressources nécessaires à l'écrasement de l'Allemagne hitlérienne, la Grande-Bretagne de Winston Churchill (1874-1965) et les États-Unis de Franklin Roosevelt (1882-1945) décident de mener la guerre aux côtés de l'Union soviétique de Joseph Staline. Ensemble, ils poussent l'Allemagne nazie à capituler le 8 mai 1945. Les trois grandes puissances doivent dès lors négocier le partage du pouvoir sur le monde, le prix que devra payer l'Allemagne pour les dommages causés pendant la guerre et, surtout, le rétablissement d'un ordre mondial pacifié.

L'ÉMERGENCE DE NOUVEAUX RAPPORTS DE FORCE EN 1945

Les États-Unis

Les États-Unis sont les grands vainqueurs de la Seconde Guerre mondiale. Ayant profité de l'économie de guerre, leur produit national brut a augmenté de 220 % depuis leur entrée dans le conflit en décembre 1941, et leurs pertes matérielles et humaines sont limitées. Les Américains disposent par ailleurs d'une armée extrêmement performante tant au niveau humain que technologique. C'est en effet la seule nation à posséder l'arme atomique, mise au point avec l'aide de scientifiques et de militaires nazis quelques années plus tôt. Leur santé financière est telle qu'à la sortie du conflit, les États-Unis assurent environ 50 % de la production industrielle mondiale et participent pour un tiers des exportations mondiales. Leur objectif à court terme est de démobiliser les 12 millions de soldats encore en poste à l'étranger et de reconvertir leur économie.

L'Union soviétique

De son côté, l'Union soviétique a enregistré les pertes humaines les plus importantes de la guerre (environ 20 millions de personnes), et a perdu une grande partie de ses capacités matérielles. Les autorités chiffrent à 679 milliards de roubles les dommages directs occasionnés par le conflit. Mais le système soviétique, basé sur la planification, le collectivisme et l'autorité contraignante d'un parti unique, a prouvé durant l'entre-deux-guerres toute son efficacité. Ainsi, au vu du contexte international, il apparaît essentiel pour les principaux décideurs politiques de remettre à niveau le complexe militaro-industriel russe. La mise en œuvre du quatrième plan quinquennal (document de planification étatique qui organise le développement économique sur une période de cinq ans), en 1946, permet la remise sur pied rapide des principaux secteurs de l'économie soviétique. Ce rétablissement est d'une importance capitale puisqu'avec les États-Unis, l'Union soviétique est la seule puissance capable d'exercer une influence notable dans cette période d'après-guerre. Tout comme les millions de soldats américains encore en poste à l'étranger, sa puissante armée reste en place au sein des pays libérés. Ainsi, si l'Union soviétique apparaît bel et bien décimée par la guerre, elle peut toutefois légitimement prétendre au rang de superpuissance.

L'Europe

À l'inverse, les pays européens sont dévastés : les populations sont décimées, les pertes matérielles catastrophiques et l'économie à l'arrêt. Sur le plan politique règne une grande instabilité due à la fin de l'occupation allemande et au retour des gouvernants dans leur pays, ce qui se traduit bientôt par des révoltes. Pour les populations qui ont subi directement l'invasion allemande, la figure du héros de la guerre est à chercher du côté de la Résistance, et non des hommes politiques exilés. Par conséquent, des mouvements sociaux apparaissent, souvent soutenus par les partis communistes européens. Et pour cause, ceux-ci ont joué un rôle de premier plan dans l'alimentation de la Résistance européenne, grâce notamment à l'action centralisatrice du Komintern (Internationale communiste sous contrôle soviétique, dissoute en 1943). Grâce à son action déterminante face à l'armée allemande, l'Union soviétique jouit d'une grande popularité auprès des peuples occidentaux. Ainsi, lors des premiers scrutins, les partis communistes réalisent des scores historiques. En Grande-Bretagne, ce sont également les partis de gauche qui remportent les premières élections organisées après la fin du conflit, faisant naître les craintes d'un rapprochement avec des mouvements communistes. En Belgique, l'annonce du retour sur le trône du roi Léopold III (1901-1983), très conciliant envers les Allemands pendant la guerre, mène le pays au bord de la guerre civile. En Grèce, malgré un accord territorial passé en 1944 entre Joseph Staline et Winston Churchill, une guerre fratricide éclate au mois de mars 1946, opposant les communistes du général Markos (1906-1992) aux troupes monarchistes du roi George II (1890-1947). Le conflit s'achève en 1949 avec la défaite des communistes.

Le reste du monde

La situation est tout aussi complexe dans le reste du monde en raison d'une forte colonisation, visible surtout en Afrique et en Asie. Mais l'Amérique latine subit également de plein fouet ce phénomène et passe sous la domination complète des États-Unis. Le Japon, qui fait partie des grands perdants de la guerre, voit ses conquêtes territoriales distribuées entre les puissances après sa reddition :

de nombreuses îles sont partagées entre les États-Unis et l'Union soviétique, alors que la Corée est divisée au niveau du 38ᵉ parallèle. La Mandchourie est par contre remise à la Chine, où une guerre débute entre les troupes communistes de Mao Zedong (1893-1976) et le mouvement nationaliste de Tchang Kaï-chek (1887-1975).

LA MONTÉE DES TENSIONS (1945-1947)

La fin de la guerre en Europe impose aux principales puissances victorieuses de se rencontrer lors de sommets internationaux. Au mois de février 1945, alors que la guerre fait toujours rage, Joseph Staline, Winston Churchill et Franklin Roosevelt se retrouvent pour négocier le temps d'une semaine dans la petite ville de Yalta, en Crimée. La France du général de Gaulle est écartée par les trois grands qui ne lui reconnaissent pas un statut égal au leur, du fait de sa collaboration avec l'Allemagne. L'objectif de la conférence est d'organiser l'issue du conflit et la transition vers la paix en Europe, et de faire payer le prix de la guerre à l'Allemagne. Pour ce faire, les trois grands décident d'occuper l'Allemagne, de la scinder en zones administrées par l'une des trois puissances et de concéder un de ses territoires à la France. Le but de cette mesure est de démanteler le pays afin de le rendre inoffensif. Par ailleurs, il est question d'établir des élections libres dans tous les pays libérés d'Europe pour réaffirmer le droit de chaque peuple à l'autodétermination. Enfin, les vainqueurs se mettent d'accord sur l'urgence d'instaurer un système de sécurité collectif entre les nations afin d'éviter qu'une nouvelle guerre mondiale ne se déclenche. Mais, si les objectifs sont clairs, les desseins hégémoniques des États-Unis et de l'Union soviétique apparaissent rapidement, générant la montée d'une méfiance réciproque.

Du côté américain, le 12 avril, Harry Truman succède à Franklin Roosevelt qui vient tout juste de décéder. Le nouveau président entend profiter de la suprématie américaine pour diriger les relations diplomatiques et imposer les règles du commerce international. En effet, les États-Unis se présentent comme les défenseurs d'un monde libre et démocratique, fonctionnant selon les mécanismes de l'économie de marché. Suite aux accords de Bretton Woods de 1944, le dollar a acquis le rang de monnaie de référence dans les transactions internationales, ce qui permet de signer les accords du GATT (*General Agreement on Tariffs and Trade*) en 1947 pour abaisser les barrières douanières et instaurer le libre échange sur une base mondiale. Au niveau politique, l'Organisation des Nations unies (ONU), composée d'une assemblée générale et d'un conseil de sécurité, est créée le 26 juin 1945 afin de maintenir la liberté des peuples et la paix entre les nations. Ces nouvelles institutions garantissent pleinement les intérêts politiques, économiques et financiers américains. Seule nation à disposer de l'arme atomique au sortir de la guerre, les États-Unis cherchent à mettre en place une instance de contrôle garantissant leur supériorité en matière nucléaire.

Les visées russes sont bien différentes puisque l'Union soviétique cherche avant tout à étendre sa zone d'influence en Europe de l'Est et à fortifier sa position stratégique en Asie. Staline défend l'idée que « celui qui occupe un territoire, y impose son propre système social, tant que son armée a le pouvoir de le faire » (BEST (Antony) *et al.*, *International History of Twentieth Century*, London, Routledge, 2004, p. 207.). Si le secrétaire général du parti communiste a mis en place le « socialisme » dans l'Union soviétique durant l'entre-deux-guerres, la puissance de son système idéologico-politique et la fragilité du monde peuvent lui permettre de consolider sa position et de propager le communisme sur une base plus large. En pratique, Staline désire installer des gouvernements alliés dans les différents pays qu'il a lui-même libérés, signer des alliances avec des régimes apparentés et appuyer des guérillas communistes dans certaines zones stratégiques.

LA PARTITION DE L'ALLEMAGNE

Au moment de la Libération, l'Allemagne n'est qu'un immense amas de ruines situé au cœur de l'Europe. Suite à la conférence de Yalta, les trois puissances sorties victorieuses, auxquelles s'ajoute la France, procèdent à la partition du territoire, alors qu'un conseil de contrôle est mis en place pour diriger l'administration du pays.

Lors de la conférence de Potsdam, du 17 juillet au 2 août, les trois grands s'accordent sur le démantèlement du capital industriel de l'Allemagne pour détruire les réseaux du pouvoir ayant supporté le nazisme, ainsi que sur le transfert de réparations. Cette réclamation émane principalement des Soviétiques, soucieux de se reconstruire rapidement au moyen notamment de prélèvements matériels en Allemagne. Le territoire est également divisé :

- l'Ouest du territoire est placé sous l'autorité des trois puissances occidentales et réparti en zones ;
- l'Est de l'Allemagne est administré par l'Union soviétique ;
- la capitale, Berlin, située dans la zone soviétique, se voit également divisée entre les trois puissances.

Malgré ce découpage, les puissances considèrent qu'il est important de maintenir une Allemagne unifiée. Les frontières de l'Allemagne sont également modifiées et une partie orientale est annexée à la Pologne. Les États procèdent par ailleurs, selon leurs moyens, à la dénazification dans leur zone.

Cette politique commune montre vite ses limites du fait que chaque puissance administre son territoire à sa manière et selon ses seuls intérêts. Français et Soviétiques cherchent, par exemple, à se dédommager sur les avoirs allemands pour rétablir leur propre économie. L'Union soviétique procède également à des réformes agraires et à la nationalisation des principales industries, anticipant par la même occasion la mise en place d'un futur État socialiste. Devant le marasme économique et la peur d'une nouvelle crise sociale, les Anglo-Américains privilégient quant à eux une modernisation de l'Allemagne. Ils décident donc de limiter les démantèlements industriels, refusent la totalité des réparations promises à l'Union soviétique et mettent bientôt un frein à la dénazification pour maintenir l'efficacité des institutions. Pour faciliter ces mesures, les deux États projettent également d'unifier leur zone.

C'est dans un tel contexte que les tensions s'amplifient, annonçant l'entrée imminente dans la guerre froide.

BIOGRAPHIES

JOSEPH STALINE, HOMME D'ÉTAT SOVIÉTIQUE

Homme politique soviétique originaire de Géorgie (sud-ouest de la Russie), Iossif Vissarionovitch Djougachvili vient d'un milieu paysan et pauvre. Durant son enfance, il bénéficie d'une éducation très religieuse (Église orthodoxe) contre laquelle il se battra par la suite. Doté d'un caractère entier, voire rustre, il développe durant sa jeunesse un intérêt fécond pour la littérature réaliste.

En réaction à l'enseignement de l'Église, il adhère à l'idéologie révolutionnaire qui prend pied en Russie dans la seconde moitié du XIXe siècle sous l'influence de la première Internationale communiste menée par Karl Marx (théoricien du socialisme et révolutionnaire allemand, 1818-1883). Membre du Parti social-démocrate russe, c'est un militant très engagé contre la politique des tsars. Obligé de vivre dans la clandestinité durant 18 ans, il mène une vie extrêmement dure et dangereuse. De 1902 à 1911, il passe à plusieurs reprises par les camps d'internement en Sibérie, d'où il parvient toujours à s'évader.

C'est en 1913 qu'il prend le nom de Joseph Staline (littéralement, « l'homme d'acier »). Après sa rencontre avec Lénine (révolutionnaire et homme d'État russe, 1870-1924) en 1905, puis avec Léon Trotski (homme politique soviétique, 1879-1940) en 1907, il entre au comité central bolchevik et devient responsable de l'action révolutionnaire en Russie. Arrêté une nouvelle fois en 1913 et déporté durant quatre ans dans un camp à proximité du cercle polaire, il est libéré au moment de la révolution russe (1917).

De 1917 à 1922, Staline occupe le poste de commissaire aux Nationalités au sein du parti bolchevik. Cette époque est également marquée par la reconstruction du pays, miné par la guerre. Malgré de violents heurts avec Trotski, bâtisseur et principal stratège de l'Armée rouge, Staline est élu à la tête du parti communiste le 3 avril 1922. Il occupe la plus haute marche du pouvoir soviétique et donne le nom d'Union des républiques socialistes soviétiques (URSS) à son territoire.

Pendant les premières années de son règne, Staline épure le parti de 140 000 membres et s'oppose violemment à Trotski, qui défend la théorie de la révolution permanente sur une base mondiale. Staline entend quant à lui mener la révolution à l'intérieur des frontières russes et y mettre en place le « socialisme ». Pour y parvenir, il renforce considérablement les pouvoirs de l'État et instaure un régime autocratique et policier excessivement répressif. L'économie soviétique stalinienne repose sur la mise en œuvre de plans quinquennaux dont la priorité est centrée sur l'industrie lourde. La propriété privée est bannie, ce qui engendre la déportation et l'exécution de nombreux membres des classes paysanne et bourgeoise. Les terres agricoles sont collectées et réparties en domaines étatiques (les *sovkhozes*). À une phase de détente sur le plan national et international (1933-1935) succède alors l'atrocité des purges staliniennes. Lors des « procès de Moscou », les opposants politiques de Staline sont systématiquement condamnés et exécutés sur base de motifs des plus fantaisistes. Ces purges sont relayées à travers le monde et font naître d'importants doutes quant à la véritable nature du régime soviétique.

Le 30 septembre 1938, peu avant le début de la Seconde Guerre mondiale, la France et la Grande-Bretagne font l'aveu de leur impuissance devant l'Allemagne et signent les accords de Munich, livrant la Tchécoslovaquie à Hitler (1889-1945) et ouvrant la voie à une pénétration allemande vers l'Est. Pour se protéger, Staline signe le 23 août 1939 un pacte de non-agression germano-soviétique avec le Führer, mais le 22 juin 1941, violant l'accord, l'armée allemande attaque l'Union soviétique par surprise. Mis devant le fait accompli, Staline scelle avec Winston Churchill une alliance bientôt élargie aux États-Unis de Roosevelt, qui entrent officiellement en guerre au mois de décembre 1941. Cette grande alliance permet à l'Union soviétique de repousser l'armée allemande par l'Est et de reprendre ses positions dans les territoires orientaux, jusqu'à la victoire décisive de Berlin. Ce succès soviétique, soutenu par la propagande, permet à Staline de se présenter comme un stratège génial. Arrivé au sommet de sa gloire, il profite de sa victoire pour pousser l'Union soviétique à affirmer sa position en Europe et en Asie. Le gouffre séparant les conceptions soviétiques et occidentales sur la destinée du monde augure un affrontement idéologique de taille avec les États-Unis.

Staline décède en 1953, faisant naître l'espoir d'un apaisement dans les relations internationales.

ANDREÏ ALEXANDROVITCH JDANOV, HOMME POLITIQUE SOVIÉTIQUE

Homme politique et idéologue soviétique, Andreï Jdanov adhère au parti bolchevik en 1915 et participe à son implantation territoriale. Il devient membre du comité central du parti en 1927. Grand partisan de Joseph Staline, il travaille dans les années trente à mobiliser toute la culture soviétique au service du parti. En 1934, il en devient le pilier idéologique et élabore la doctrine du réalisme socialiste, poursuivant l'objectif de soumettre totalement l'art soviétique et la vie intellectuelle à l'idéologie soviétique. En 1938, il est nommé directeur de la propagande par Staline et, un an plus tard, entre au Politburo (organe consultatif du parti communiste), ce qui lui permet de participer à l'élaboration du pacte germano-soviétique.

À partir de 1945, au moment de reconstruire le pays, il est l'un des principaux instigateurs du retour au volontarisme d'avant-guerre. Dans ce cadre, il lutte contre les courants libertaires nés durant la guerre et renforce les contrôles sur les milieux artistiques et intellectuels. Lors de la formation des blocs idéologiques au début de la guerre froide, il est le père de la doctrine Jdanov, qui développe la théorie des deux camps : celui de l'impérialisme américain, assimilé au fascisme, et celui de l'URSS, garante de l'émancipation des peuples opprimés. C'est lui qui instaure en 1947 le Kominform, l'organe qui, en réaction à la doctrine Truman, soude l'action des partis communistes européens. Cette doctrine guide l'action idéologique de l'Union soviétique durant la guerre froide et incite les pays libérés du colonialisme à se rapprocher du communisme. Mis à la retraite par Staline, il décède d'un infarctus en 1948.

HARRY S. TRUMAN, HOMME D'ÉTAT AMÉRICAIN

Président américain né à Lamar (Missouri), Harry S. Truman est issu d'une famille modeste d'agriculteurs. Il passe sa scolarité à Independance, une petite ville qui compte 6 000 habitants. Son père s'étant ruiné en spéculant sur le prix du blé, le jeune Harry doit oublier l'idée de poursuivre des études universitaires. Il participe tout de même à l'effort de guerre américain lors de la Première Guerre mondiale (1914-1918) et se distingue notamment dans les Vosges (France).

Au début des années vingt, il se lance brièvement dans le commerce de vêtements, puis fait la connaissance de la richissime famille Pendergast, laquelle régit la vie politique pour le camp démocrate dans le Missouri. Truman est admis comme administrateur dans le comté de Jackson. En 1934, les Pendergast l'incitent à briguer le poste de sénateur démocrate du Missouri, qu'il obtient. Il déménage alors à Washington, où siège le Congrès des États-Unis.

Si le président Franklin Roosevelt lui accorde peu d'importance dans la hiérarchie du parti, Truman montre beaucoup d'habileté au sein de diverses commissions portant sur des sujets socio-économiques sensibles. Durant la Seconde Guerre mondiale, il participe activement à la politique dirigiste de Roosevelt et parvient à limiter les pertes financières de l'État. En 1944, il est nommé vice-président aux côtés de Roosevelt, qu'il a choisi afin d'écarter le controversé Henry Wallace (1888-1965). Le 12 avril, à la mort du président, Harry Truman devient le 33e président des États-Unis. Très peu impliqué jusque-là dans les affaires internationales, le nouveau président doit pourtant négocier aux côtés des Britanniques et des Soviétiques la paix et le partage du pouvoir dans le monde. Pour mettre fin à la guerre, Truman n'hésite pas à ordonner le bombardement nucléaire des villes japonaises d'Hiroshima et de Nagasaki.

Craignant une emprise communiste dans une Europe dévastée, il met au point la doctrine Truman, une politique d'endiguement militaire et économique du communisme théorisée par George Frost Kennan (1904-2005) et George Marshall (1880-1959). Dès le mois de mars 1947, il fait voter un prêt de 400 millions de dollars pour soutenir l'armée britannique, en guerre contre les communistes grecs, puis instaure le plan Marshall pour relancer l'économie des pays d'Europe occidentale. En 1948, pour venir en aide aux Occidentaux, il s'oppose au blocus de Berlin mis en place par les Soviétiques au moyen d'un pont aérien, puis, le 4 avril 1949, il signe la création de l'Organisation du traité de l'Atlantique Nord (OTAN). Cette alliance politique et militaire de nature défensive vise à protéger les pays qui en sont membres de l'Union soviétique. En outre, Truman met en pratique sa politique d'endiguement au moment de la guerre de Corée (1950-1953), lorsqu'une coalition internationale sous l'égide américaine s'oppose aux troupes communistes nord-coréennes et chinoises.

Aux élections de 1952, Truman est sévèrement battu par le républicain Dwight. D. Eisenhower (1890-1969). Il se retire alors de la vie politique pour mener une retraite paisible dans son Missouri natal. Il décède le 26 décembre 1972. Honni, voire méprisé, par une grande partie de l'opinion publique à sa sortie de la scène politique, Truman est toutefois réhabilité par la suite et est aujourd'hui considéré comme l'un des présidents les plus importants de l'histoire des États-Unis.

GEORGE FROST KENNAN, DIPLOMATE AMÉRICAIN

Historien et diplomate américain, George Kennan intègre le ministère des Affaires étrangères américain et travaille comme conseiller et informateur dans différents pays, notamment dans les Balkans et en Union soviétique. Durant la Seconde Guerre mondiale, il est en poste à Berlin, Lisbonne et Moscou, puis devient directeur politique du secrétaire d'État George Marshall en 1947.

Au mois de février 1946, Kennan, alors chargé d'affaires à Moscou, est fort bien placé pour faire état de la politique soviétique envers l'Occident. Dans un long communiqué adressé au président Truman, il expose les intentions de Joseph Staline à l'égard des États-Unis. Pour le dirigeant soviétique, mener une coexistence pacifique avec les pays capitalistes est tout simplement intolérable, et s'il n'est pas souhaitable d'entrer en conflit armé avec les Occidentaux, une lutte permanente entre deux centres de pouvoir – l'un capitaliste, l'autre communiste – en vue de la domination du monde est inévitable. L'ambassadeur américain énonce ensuite une théorie de l'endiguement du communisme qui privilégie une intervention militaire et économique des États-Unis sur la scène internationale. Dans son télégramme, Kennan met tout particulièrement en garde ses supérieurs sur l'efficacité des actions souterraines soviétiques (propagande, espionnage, etc.) et l'importance d'y faire front de manière très organisée, en travaillant notamment sur l'esprit des populations.

Au début de l'année 1947, George Kennan revient aux États-Unis, à la demande du secrétaire d'État George Marshall, pour diriger le nouveau département de stratégie politique extérieure américaine et, à ce titre, élaborer un plan d'aide économique pour l'Europe. Au mois de juillet, le télégramme de George Kennan est publié anonymement dans la célèbre revue politique américaine *Foreign Affairs*. Elle donne lieu en mars 1947 à la doctrine Truman, laquelle signe l'entrée officielle du pays dans la guerre froide contre l'Union soviétique.

Dans les années cinquante, il est ambassadeur à Moscou, puis officie en Yougoslavie durant la décennie suivante. À cette époque, il entame la publication d'une série d'ouvrages importants consacrés à l'histoire diplomatique et à la stratégie politique des mondes russe

et nord-américain, alimentant de vifs débats dans les milieux intellectuels. Au cours des années soixante-dix, il est professeur d'histoire
à l'institut d'études avancées de l'université de Princeton. Alors que
l'ère est à la Détente entre les blocs, George Kennan révise sa position
initiale et prône un retrait des forces américaines d'Europe à la fin
de la guerre froide.

- 22 -

Il décède le 17 mars 2005 à l'âge de 101 ans.

LA GUERRE FROIDE

UN CONFLIT DIFFICILE À APPRÉHENDER

C'est en 1947 que l'appellation « guerre froide » est popularisée par Bernard Baruch (1870-1965), un proche conseiller de Franklin Roosevelt. Par ce terme, il désire souligner les tensions existantes entre les États-Unis et l'Union soviétique qui, malgré leur intensité, peuvent difficilement mener à un conflit armé.

Si beaucoup limitent la guerre froide aux années 1947-1991, période qui débute avec la mise en œuvre de doctrines idéologiques opposées – celle de Truman et celle de Jdanov – et se termine avec l'effondrement de l'Union soviétique, ces dates se révèlent pourtant arbitraires. Sous le terme de « guerre froide » se cachent en effet différentes acceptions. Dans les milieux académiques, certains ramènent l'affrontement aux seules premières années – relatives à la constitution des blocs –, partant de la fin de la Seconde Guerre mondiale à la mort de Joseph Staline, le 5 mars 1953. D'autres préfèrent parler dans ce cas de « première guerre froide », la distinguant d'une « seconde guerre froide », de 1979 à 1983, caractérisée par la nouvelle montée des tensions. La crise des missiles de Cuba, en 1962, constitue un autre jalon retenu pour clôturer le conflit puisqu'elle est elle-même suivie d'une longue phase de détente. Soulignons enfin qu'en ce qui concerne l'affrontement idéologique entre le communisme russe et le capitalisme américain, il est parfois plus cohérent de faire démarrer la guerre froide en 1917, lorsque la révolution bolchévique se déclenche et se heurte aux visées universalistes du président américain de l'époque, Thomas Woodrow Wilson (1856-1924). La chute du mur de Berlin, le 9 novembre 1989, est également souvent citée comme l'événement marquant la fin de la guerre froide. En réalité, elle donne l'impulsion à une chute progressive des régimes soviétisés, qui ne disparaissent définitivement qu'en 1991. Plus intéressant encore, on peut émettre l'hypothèse que la guerre froide n'est pas véritablement terminée de nos jours, puisque des régimes communistes ou apparentés (en Chine, à Cuba, en Corée du Nord, notamment) continuent de cohabiter au sein d'une économie internationale capitaliste. Par ailleurs, la montée en puissance de la Russie sur la scène internationale ces dernières années exhale des réminiscences du conflit Est-Ouest.

L'AFFRONTEMENT IDÉOLOGIQUE EN EUROPE (1947-1949)

La guerre froide se développe en Allemagne, pays alors sous l'autorité des États sortis victorieux de la Seconde Guerre mondiale (États-Unis, Grande-Bretagne, France et Union soviétique). Voulant maintenir son rang de grande puissance après sa victoire contre l'Allemagne à l'Est, l'Union soviétique soutient depuis 1945 la formation de gouvernements communistes dans les pays d'Europe qu'elle a libérés (Roumanie, Hongrie et Pologne). Au mois de février 1946, les Soviétiques décident de fusionner les partis socialiste et communiste en un parti unique est-allemand (SED). Ce mouvement a pour conséquence d'ancrer le système communiste aux portes de l'Europe occidentale, et, le 5 mars, Winston Churchill évoque publiquement l'existence d'un « rideau de fer » qui s'est dressé en Europe depuis Stettin (port de Pologne, situé en mer Baltique) jusqu'à Trieste (ville d'Italie, située sur l'Adriatique).

Suite à cela, les États-Unis et la Grande-Bretagne estiment plus opportun de souder une alliance économique en Allemagne et de se démarquer idéologiquement du projet soviétique. C'est pourquoi, à cause des difficultés économiques rencontrées par la

Grande-Bretagne durant l'hiver 1946, Américains et Britanniques décident l'unification de leurs territoires en une bizone, laquelle est entérinée au mois de janvier 1947. Sur bases des analyses de George Kennan et sur l'insistance de son ministre des Affaires étrangères Dean Acheson (1893-1971), le président Truman décide d'engager une politique systématique d'endiguement du communisme au niveau mondial. Celle-ci, mise au jour sous le nom de doctrine Truman, restera, malgré des changements d'appellation, au cœur de la stratégie américaine tout au long de la guerre froide. Celle-ci constitue pour les États-Unis un virage total en termes de politique extérieure. Coupant court à l'isolationnisme en vigueur jusqu'à la Seconde Guerre mondiale, les Américains engagent désormais leurs ressources à l'étranger pour renforcer et diffuser leur modèle de vie.

LA POLITIQUE D'ENDIGUEMENT DU COMMUNISME

La politique d'endiguement repose sur les travaux de deux géographes anglo-saxons, Halford John Mackinder (1861-1947) et Nicholas Spykman (1893-1943), repris au moment de la guerre froide par des conseillers politiques américains. Ces théories démontrent que le danger pour les États-Unis est de laisser une puissance contrôler tout le *Heartland* (l'Europe et l'Asie) et insistent donc sur l'importance d'empêcher les Soviétiques d'étendre leur domination jusqu'aux océans en Europe et en Asie. Spykman suggère de contenir cette expansion soviétique en contrôlant le *Rimland* (espace séparant les mers de l'intérieur des terres), dont font partie l'Europe occidentale et l'Asie du Sud-Est. Selon lui, « qui contrôle le Rimland contrôle l'Eurasie, et qui contrôle l'Eurasie contrôle la destinée du monde » (VANDERMOTTEN (Christian) et VANDEBURIE (Julien), *Territorialités et politique*, Bruxelles, ULB, 2005, p. 53). Sans cette protection, les Américains craignent un effet domino qui verrait les nations libres tomber les unes après les autres sous la coupe de régimes communistes. Ceci permet de comprendre pourquoi, dès les premiers temps de la guerre froide, les Américains s'engagent à repousser les Soviétiques hors d'Iran, de Turquie et de Grèce, ces pays donnant accès à l'Europe et à l'Asie du Sud. Au cours du conflit, la théorie est adaptée en fonction des expériences, mais le principe de l'endiguement reste d'actualité pendant toute la durée de la guerre et même au-delà.

L'endiguement du communisme se réalise sur différents terrains dès le début de la guerre froide. De 1946 à 1949, l'armée américaine intervient en Grèce et en Turquie pour éloigner les Russes de toute prétention politique au sein de ces pays. Afin de protéger l'Europe occidentale en crise au mois d'avril 1947, le ministre des Affaires étrangères américain George Marshall propose l'*European Recovery Program* (autrement dit le plan Marshall), qui consiste à fournir des aides financières aux États détruits par la guerre et peinant à se reconstruire. De cette manière, entre 1948 et 1951, 13 milliards de dollars sont répartis entre 16 pays européens, ce qui facilite leur relance économique. À l'Est, les territoires repris par Staline sont contraints de refuser l'offre américaine, dénoncée par les Soviétiques comme une preuve d'impérialisme économique. Une Organisation économique de coopération européenne (OECE) est mise sur pied pour organiser la répartition des fonds sur le continent. Le projet d'union européenne qui prend forme à cette époque entre six nations prévoit en parallèle l'harmonisation politique de la zone. En contre-partie, les États-Unis disposent désormais d'une très grande emprise économique sur l'Europe occidentale, ce qui leur donne la possibilité d'écouler une abondante production de biens de consommation et d'exporter le mode de vie américain, considéré comme un puissant antidote contre l'idéologie communiste.

De leur côté, les Soviétiques cherchent à tout prix à se protéger contre l'isolement diplomatique en prenant le contrôle du pouvoir en Europe de l'Est, tout en étendant leur modèle économique. En réaction à la politique américaine, ils développent la doctrine Jdanov, du nom d'un idéologue russe chargé de la propagande en Union soviétique. Lors d'une conférence tenue en Pologne au mois de septembre 1947 rassemblant les principaux partis communistes européens, Andreï Jdanov formule l'idée d'un monde divisé en deux camps. Les Américains y sont dépeints comme les représentants de l'impérialisme antidémocratique, et, en réaction, les Soviétiques se positionnent comme les tenants de l'anti-impérialisme et de la démocratie luttant pour les intérêts des peuples opprimés dans le monde. La résistance est dès lors assimilée au communisme, qui apparaît comme la seule force libératrice. Cette conférence mène assez naturellement à la naissance du Kominform, un organe basé à Belgrade dont le travail consiste à uniformiser l'action des partis communistes en Europe et à déstabiliser les régimes capitalistes. Au niveau économique, se met également en place à Moscou un Conseil d'assistance économique mutuelle (CAEM ou COMECON). À la manière du plan Marshall, les Soviétiques fournissent désormais eux aussi des aides économiques précieuses au sein de leur sphère d'influence. Affrontant la réalité d'une reconstruction allemande à l'Ouest, Staline entend renforcer son influence en Europe de l'Est et impose la mise à l'écart des partis non communistes des gouvernements.

Deux crises importantes mettent définitivement en place les deux pôles idéologiques antagonistes en Europe.

- Au mois de mai 1946, s'installe en Tchécoslovaquie un gouvernement démocratique dirigé par un proche de Staline, le communiste Klement Gottwald (1896-1953). Dans ce pays d'Europe centrale existent des velléités fortes de maintenir un régime ouvert. Mais au mois de mars 1948, les sociaux-démocrates démissionnent du gouvernement, contraints par les communistes. Des mouvements de révolte éclatent alors et font craindre aux communistes la perte des élections législatives prévues en juin 1948. Le 25 février, Gottwald profite des manifestations de mécontentement pour mettre la ville en état de siège et faire descendre en masse les milices ouvrières armées dans les rues. Ce « coup de Prague » engendre des pressions qui dissuadent les opposants de participer au prochain scrutin. Finalement, seuls les communistes se présentent aux élections.

Cet événement crée une sorte de psychose au sein de l'opinion internationale, qui pressent l'entrée imminente dans un nouveau conflit mondial.

- Au printemps 1948, la France rejoint la « bizone » anglo-américaine pour former une « trizone ». L'économie est unifiée et un nouveau deutsche mark apparaît, annonçant la création prochaine d'une Allemagne de l'Ouest. Inquiets de ce qui apparaît comme une nouvelle forme d'impérialisme, les Soviétiques décident de barrer l'accès à Berlin, enclavé en zone orientale. Face à ce blocus, les Occidentaux mettent en place un pont aérien pour ravitailler leur camp. Si la possession de l'arme atomique par les Américains empêche une guerre ouverte, les blocs sont irrémédiablement figés. En 1949, deux nouveaux États apparaissent sur la carte du monde, instituant la séparation de l'Allemagne pour plus de 40 ans. À l'Ouest, une république fédérale d'Allemagne (RFA) qui compte 60 millions d'habitants, dirigée par le chef de file du parti démocrate-chrétien (CDU), Konrad Adenauer (1876-1967), est fondée sur le modèle capitaliste occidental. Tandis qu'à l'Est se forme une république démocratique d'Allemagne (RDA) peuplée par 17 millions d'habitants et dirigée par le communiste Otto Grotewohl (1894-1964). Ces « deux » Allemagnes deviennent le symbole de l'affrontement idéologique opposant deux modèles de société.

L'INTERNATIONALISATION DU CONFLIT (1950-1955)

Alors qu'une logique de blocs s'est mise en place en Europe, la guerre froide s'étend rapidement à l'Asie, où la situation politique est explosive. De l'Iran à la Corée, l'influence communiste gagne du terrain dès 1946. En Chine, Mao Zedong, le leader historique du Parti communiste chinois, est supporté par les Soviétiques pour mener une guerre contre les troupes nationalistes du général Tchang Kaï-chek, qui prennent parti pour les États-Unis. Les communistes chinois, qui regroupent environ 500 millions d'individus, l'emportent et proclament la république populaire de Chine (RPC) le 1er octobre 1949. Les Occidentaux sont rejetés sur l'île de Formose (Taïwan).

Le 15 février 1950, une alliance sino-soviétique entre Staline et Mao Zedong entraîne le premier conflit armé de la guerre froide. En Corée, deux régimes opposés sont installés de part et d'autre d'une frontière imaginaire située sur le 38e degré de latitude nord. Le 25 juin de la même année, l'armée nord-coréenne, soutenue par les Chinois et les Soviétiques, tente d'annexer le sud de la péninsule, d'où elle est repoussée par les troupes américaines de Truman et de l'ONU. Après trois ans de lutte, les deux camps se neutralisent, laissant derrière eux environ 1 million de morts. Ce conflit exacerbe la lutte idéologique qui ne cesse de s'intensifier.

Certaines guerres de décolonisation en Asie du Sud-Est entrent également à cette époque dans une logique de guerre froide. En 1945, l'Indochine est encore une colonie française, mais elle est occupée au nord par le Viêt-minh du leader communiste Hô Chi Minh (1890-1969) et au sud par l'armée britannique. La France, qui souhaite à tout prix récupérer sa colonie, décide en 1946 d'attaquer le Viêt-minh et place un État concurrent au sud du pays. À partir de 1950, le conflit entre dans le contexte de la guerre froide. Alors que la guerre de Corée a débuté, les Sino-Soviétiques prennent pied sur un second front et assistent le Viêt-minh, alors que les Américains viennent en aide aux Français. En 1954, la France est défaite lors de la bataille de Diên Biên Phu et quitte le territoire, humiliée. Les accords de Genève scellent quelques mois plus tard le sort du Viêt Nam, occupé au n ord par le Viêt-minh d'Hô Chi Minh, et au sud par un régime militaire pro-occidental dirigé par Jean Baptiste Ngô Dhin Diêm (1901-1963). Les tensions résultant de ce partage s'amplifient et conduisent à la guerre du Viêt Nam qui débute en 1964.

À partir de 1945, la décolonisation se produit simultanément en Asie et au Moyen-Orient, ce qui entraîne en l'espace de 15 ans l'émergence de dizaines de nouveaux États indépendants. Lors d'une conférence historique à Bandoeng (Indonésie) en 1955, réunissant les représentants de 24 nouveaux pays, est fondé le mouvement des pays non-alignés ou tiers-monde. En référence au tiers état de l'Ancien Régime, ceux-ci expriment leur volonté de se démarquer des enjeux de la guerre froide et de revendiquer une place dans le concert des nations. Pourtant, si l'intention de ces nouveaux États est de préconiser une troisième voie en dehors de la guerre froide et d'intensifier la décolonisation dans le monde, leur combat s'intègre progressivement dans la logique du monde bipolaire.

En effet, l'Union soviétique apparaît comme l'alliée naturelle de ces États très souvent en proie à une grande pauvreté, mais les Occidentaux maintiennent un contrôle plus ou moins important sur leurs anciennes colonies. Dans le contexte de la création de l'État d'Israël en 1948, la décolonisation au Moyen-Orient provoque également la résurgence du mouvement panarabe sous l'égide du président égyptien Gamal Abdel Nasser (1918-1970). Outre la défense du peuple palestinien et des intérêts des peuples arabes, ce mouvement cherche à accélérer la décolonisation, à pousser le nationalisme en Afrique du Nord et à chasser les Occidentaux qui tentent de prendre le contrôle des réserves pétrolières au Proche-Orient. Pourtant, les tensions entre nations arabes nationalistes (Égypte, Irak, Syrie, Soudan, Algérie et Lybie) et les États arabes conservateurs (Arabie saoudite, Koweït, Qatar et Émirats arabes unis) se transforment en une opposition Est-Ouest au début des années soixante.

LA MISE EN PLACE DES ALLIANCES MILITAIRES

Alors que les événements de 1948 font craindre l'imminence d'une troisième guerre mondiale, les puissances se répartissent en deux blocs armés. D'un côté, les Soviétiques nouent des alliances militaires avec chaque État formant son « glacis » européen, et signent des traités d'assistance mutuelle avec des puissances alliées. De l'autre, les États d'Europe occidentale signent le traité de l'Atlantique Nord le 4 avril 1949 avec les États-Unis et le Canada, ce qui donne naissance à l'OTAN. Cette alliance politique et militaire multilatérale regroupe 12 membres fondateurs (les États-Unis, le Canada, la France, la Grande-Bretagne, la Belgique, le Luxembourg, les Pays-Bas, l'Italie, le Danemark, l'Islande, la Norvège et le Portugal) et repose sur un principe d'assistance mutuelle en cas d'agression d'une des parties. En 1950, cette logique se renforce considérablement par la menace que constitue la guerre de Corée. Les Occidentaux craignent en effet que l'attaque d'une coalition communiste au sud de la péninsule ne soit la répétition cachée d'une offensive en Europe. Ils décident alors de remilitariser la RFA, qui entre dans l'OTAN en 1955, et installent un état-major permanent au centre de l'Europe.

Suivant leurs objectifs géostratégiques, les États-Unis signent d'autres alliances militaires visant à ceinturer entièrement l'Union soviétique et à empêcher son expansion. En septembre 1951, ils signent un pacte militaire de défense du Pacifique (ANSUZ) avec l'Australie et la Nouvelle-Zélande. Au mois de septembre 1954 naît l'Organisation du traité de l'Asie du Sud-Est (OTASE), regroupant huit pays, dont la France, le Pakistan, la Thaïlande, les Philippines et la Grande-Bretagne. Cette alliance servira notamment les États-Unis lors de la guerre du Viêt Nam. Enfin, le 25 février 1955, les États-Unis signent le pacte de Bagdad avec l'Irak, la Turquie, l'Iran et le Pakistan. Cette série de traités permet d'une part de cadenasser l'accès aux mers, tout en créant des espaces écono-miques favorables au capitalisme, d'autre part de bloquer le mouvement panarabe en créant des dissensions dans cette région. Ces manœuvres occidentales constituent autant de menaces pour l'URSS, qui use de la propagande pour fustiger l'impérialisme américain. En 1955, face à l'entrée de la RFA dans l'OTAN, l'Union soviétique conclut le pacte de Varsovie avec ses satellites européens (l'Albanie, la Bulgarie, la Hongrie, la Pologne, la RDA, la Roumanie et la Tchécoslovaquie), une alliance militaire multilatérale qui a pour but de contenir les forces de l'OTAN. Par ailleurs, elle se rapproche du président égyptien Nasser et soutient le mouvement panarabe, ce qui crée un déséquilibre au Moyen-Orient.

En réalité, ces organisations militaires constituent les réceptacles de la course aux armements que se livrent en secret les deux grandes puissances depuis 1949. Malgré le gouffre idéologique qui les sépare, ces alliances militaires assurent *de facto* une stabilisation des relations internationales qui n'empêche cependant pas le maintien des tensions Est-Ouest.

LA COEXISTENCE PACIFIQUE (1953-1962)

Après une première phase de fortes tensions entre les deux superpuissances qui se termine avec la fin de la guerre de Corée, on assiste à une stabilisation des relations internationales. La mort de Joseph Staline, en mars 1953, joue un rôle non négligeable dans cette accalmie, au même titre que l'émancipation des anciens peuples colonisés. Le nouveau dirigeant soviétique, Nikita Khrouchtchev (1894-1971) est un modéré bien plus ouvert sur le monde que Staline. Celui-ci reprend l'idée d'une coexistence pacifique entre les blocs – c'est-à-dire de partager le monde en zones d'influence américaines et soviétiques –, tout en tenant compte des nouveaux rapports de force liés à la décolonisation.

Au cours du XXᵉ congrès du parti communiste soviétique, qui se déroule au mois de février 1956, Khrouchtchev dénonce pour la première fois les atrocités staliniennes, entame un processus de déstalinisation de l'appareil étatique russe et dissout le Kominform. Plusieurs mesures prises par le nouveau dirigeant russe améliorent les conditions de vie en URSS. En matière de Droits de l'homme, il libéralise quelque peu l'économie et l'agriculture, entame une relance de la consommation, libère 600 000 prisonniers des goulags et réhabilite en partie la vie intellectuelle russe. Toutefois, il n'est pas prêt à entendre les revendications et mouvements d'opposition qui naissent dans les pays satellites d'Europe de l'Est. En effet, la déstalinisation conduit certains gouvernements à espérer le changement. C'est le cas en Pologne, mais surtout en Hongrie où une rébellion éclate pour ramener au pouvoir le communiste réformateur Imre Nagy (1896-1958) et écarter le stalinien Mátyás Rákosi (1892-1971). Mais Khrouchtchev renverse brutalement cette insurrection, causant la mort de 25 000 personnes et provoquant l'exil d'environ 150 000 autres. Imre Nagy est arrêté et est exécuté en 1958. Mais parce que la coexistence pacifique implique une non-intervention dans les affaires de l'autre bloc, les États-Unis restent en retrait dans le conflit. Ceux-ci tentent toutefois de négocier au niveau international avec l'Union soviétique tout en soutenant la propagande anticommuniste aux États-Unis. Ils n'interviennent pas davantage pour défendre leurs alliés français et britanniques lors de la crise de Suez.

Le dégel dans les relations Est-Ouest ne met toutefois pas en sourdine la guerre idéologique, économique et géostratégique que se livrent les puissances et qui monte en intensité à la toute fin des années cinquante. À cette époque, deux crises majeures évitent de peu de plonger le monde dans une guerre nucléaire entre l'Est et l'Ouest. En Allemagne, tout d'abord, où le problème de Berlin n'a jamais été résolu. Depuis la division du pays, la capitale abrite en son sein deux systèmes antagonistes. La partie occidentale de la ville joue un rôle de vitrine du système libéral capitaliste et, depuis l'ouverture des relations frontalières opérées par Khrouchtchev, les Berlinois de l'Est tentent de fuir en masse vers l'Ouest, où les conditions de vie paraissent bien plus attrayantes. En 1961, trois millions d'individus ont déjà traversé la frontière, ce qui constitue tant une humiliation qu'un désavantage économique pour l'Union soviétique. Des pourparlers tentent alors de statuer sur le cas de Berlin, mais en vain. Devant le refus américain de renégocier Berlin-Ouest, les Soviétiques érigent, dans la nuit du 12 au 13 août 1961, un mur autour de leur zone. Le mur de Berlin, contrôlé nuit et jour par l'armée russe, dégrade immédiatement les relations soviéto-américaines. Perçu comme le symbole de l'autoritarisme soviétique, ce « mur de la honte » accentue la césure idéologique entre les deux Allemagne et renforce l'espoir d'un changement en Europe de l'Est. Mais, au même moment, survient une seconde crise née de la prise de pouvoir à Cuba du militant nationaliste Fidel Castro (né en 1926) le 1er janvier 1959. Le nouveau régime se rapproche alors de l'URSS par l'intermédiaire de Che Guevara (révolutionnaire cubain, 1928-1967) et, en avril 1962, Cuba entre officiellement dans le camp socialiste. Les États-Unis, inquiets de la présence d'un bastion communiste en Amérique latine, excluent Cuba de l'organisation économique américaine et renforcent les régimes anticommunistes en Amérique du Sud. Isolé, Fidel Castro demande une aide économique et militaire à l'URSS, que Khrouchtchev lui accorde. Mais en plus de l'argent, l'accord prévoit l'installation de rames de lancement et de missiles nucléaires à Cuba. Au mois d'octobre, le président John Fitzgerald Kennedy, mis devant le fait accompli, fait bloquer l'accès maritime à l'île et impose l'annulation immédiate du contrat militaire en cours. Devant l'intransigeance de Kennedy, le dirigeant soviétique capitule, obtenant toutefois l'assurance que les États-Unis n'attaqueront pas Cuba.

À la fin des années cinquante, les deux blocs laissent entrevoir certaines failles. Du côté oriental, la Chine de Mao fait savoir dès le milieu de la décennie son opposition à la coexistence pacifique et à la politique « timorée » de l'Union soviétique lors de la crise de Cuba. L'alliance sino-soviétique est brisée en 1959, présageant de fortes tensions entre les deux régimes pour savoir qui aura le plus d'influence sur le communisme mondial. Dès 1960, les partis communistes albanais, nord-coréen et indonésien décident de suivre la Chine. Deux ans plus tard, un affrontement éclate entre la Chine et l'Union soviétique qui s'accusent ouvertement sur la scène internationale, frôlant à plusieurs reprises le conflit armé. En Occident, la France du général de Gaulle, en réaction aux visées unilatérales du président américain John Fitzgerald Kennedy, tente de se donner une position dirigeante en Europe de l'Ouest. Pour ce faire, elle rejette, le 27 janvier 1963, la candidature britannique d'accession à l'Union européenne, et favorise une amitié franco-allemande. En matière militaire, de Gaulle affirme sa volonté d'indépendance en retirant partiellement ses troupes de l'OTAN. Il se positionne de cette manière comme un acteur influent en Europe susceptible de déforcer le condominium.

LA DÉTENTE (1964-1975)

La crise des missiles de Cuba ayant permis aux deux grands de comprendre qu'une guerre nucléaire était tout à fait possible, Kennedy et Khrouchtchev décident d'entamer une phase de rapprochement par la mise en place d'un téléphone rouge entre Washington et Moscou. Peu de temps après, Nikita Khrouchtchev est contraint de se retirer du pouvoir suite aux divisions qui se sont produites au sein du monde communiste, mais également parce qu'il n'a pas su rectifier la situation économique de l'URSS. Leonid Brejnev (1906-1982) lui succède dès 1964. Au même moment, le 22 novembre 1963, John Fitzgerald Kennedy est assassiné à Dallas. Son vice-président, Lyndon Baines Johnson (1908-1973) doit alors prendre la tête du pays.

Malgré une période d'accalmie dans le conflit, le duopole américano-soviétique est de plus en plus contesté, et, peu à peu, les pays communistes cherchent à se démarquer de la politique brutale menée par Moscou. La situation n'est guère plus enviable aux États-Unis où, malgré une très bonne conjoncture économique, la décennie est surtout marquée par l'engagement dans la guerre du Viêt Nam, où sont stationnés près de 550 000 soldats américains en 1968.

LA GUERRE DU VIÊT NAM

Les accords de Genève, qui mettent fin à la guerre d'Indochine en 1954, annoncent la partition du Viêt Nam entre deux régimes opposés. Au nord, Hô Chi Minh est à la tête d'un État communiste, la république populaire du Viêt Nam du Nord. Au sud, un régime pro-occidental est présidé par Ngô Dinh Diêm (1901-1963), qui mène une politique dictatoriale. À partir de 1960, une opposition de gauche (le Viêt-cong) apparaît au sein des couches rurales du sud, qui s'étend rapidement aux villes et aux milieux bouddhistes. Cette rébellion n'hésite pas à lancer une guérilla pour forcer Ngô Dinh Diêm à quitter le pouvoir. Les États-Unis décident alors d'intervenir pour maintenir le régime en place. L'armée sud-vietnamienne ne parvenant pas à venir à bout des insurgés, Lyndon B. Johnson engage les troupes américaines dans les combats en 1964. Les bombardements américains visent notamment le Viêt Nam du Nord, communiste.

Alors que le monde communiste connaît de profondes divisions suite au retrait de Khrouchtchev, le régime soviétique se durcit. Désirant marquer ses distances avec les réformes de son prédécesseur, Brejnev revient à un régime beaucoup plus conservateur, prônant une discipline stricte du parti. Le nouveau gouvernement s'engage à remettre sur pied l'Union soviétique, à normaliser ses relations avec l'Ouest et à soutenir les mouvements « progressistes » en lutte pour le pouvoir. L'administration cherche également à resserrer les rangs autour de la puissance soviétique. Cette période se marque par des tensions de plus en plus vives entre l'URSS et la Chine, laquelle tente de se démarquer sur la scène internationale. Disposant de la technologie nucléaire depuis 1964, les autorités chinoises se rapprochent diplomatiquement des États-Unis et de l'Europe. À partir de 1966, l'Empire du Milieu s'isole en menant une révolution culturelle abondamment critiquée sur la scène internationale. Dans le camp soviétique, Brejnev en profite pour restaurer l'autorité soviétique en réprimant brutalement le désir de changement émergeant d'Europe de l'Est, ce qui a pour effet d'écorner plus encore l'image de l'URSS à travers le monde.

En Tchécoslovaquie, le leader communiste Alexander Dubček (1921-1992) est porté au pouvoir par une population révoltée. Ce dernier se lance dans une longue série de réformes visant l'ouverture du régime. C'est le Printemps de Prague qui commence, avec pour objectif l'instauration d'un socialisme à visage humain. Ce mouvement, qui constitue selon Moscou une critique acerbe de l'autorité soviétique, est dissout par une intervention armée d'envergure.

Dubček est exclu du pouvoir par Brejnev, lequel instaure la doctrine de la souveraineté limitée pour renforcer l'emprise de Moscou sur les politiques militaire et économique en Europe de l'Est.

En Pologne, la mauvaise gestion économique des années soixante-dix, aggravée par la forte inflation liée au choc pétrolier de 1973, incite le gouvernement d'Edward Gierek (homme politique communiste polonais, 1913-2001) à hausser le prix de la viande. Ces mesures provoquent des grèves massives, en particulier dans la ville de Gdansk. Le gouvernement finit par accepter les revendications ouvrières pour le droit de grève et pour plus de liberté syndicale. Durant l'été 1980, apparaît un syndicat indépendant emmené par Lech Walesa (né en 1943), le Solidarność, dont le réseau s'étend très rapidement à toute la société polonaise. S'appuyant au départ sur l'Église catholique, il rassemble bientôt toutes les formations anticommunistes polonaises, ralliant en peu de temps des centaines de milliers de membres. Plus qu'un simple syndicat, Solidarność devient le socle des revendications politiques des opposants au régime. De cette manière, il constitue rapidement un contre-pouvoir très puissant aux yeux des Soviétiques. Pour en contrer l'influence, le général polonais Jaruzelski (1923-2014) s'empare du pouvoir par un coup d'État militaire et instaure l'état de guerre, ce qui a pour conséquence de renvoyer le syndicat dans la clandestinité. Ses principaux membres, dont Lech Walesa, sont emprisonnés. Cette nouvelle répression au sein du monde communiste cache mal l'influence de l'URSS, vivement condamnée à travers le monde pour son non-respect des Droits de l'homme.

Au sein du bloc occidental, la France qui a retrouvé sa santé économique, joue cavalier seul en Europe et tente de se démarquer de Washington dans sa politique diplomatique internationale. À partir de 1964, des rapprochements ont lieu entre la France et l'URSS, puis entre elle et la république démocratique de Chine. De cette manière, les Français cherchent à s'émanciper des États-Unis et à annihiler la logique de guerre froide, en imposant une période de détente entre les blocs. En 1966, le général de Gaulle et le président Lyndon B. Johnson se brouillent définitivement sur la question de la suprématie militaire des États-Unis en Europe, ce qui provoque le retrait de l'armée française des forces de l'OTAN ainsi qu'une remise en question de l'alliance militaire occidentale.

Dans la seconde moitié des années soixante-dix commence la politique de détente, marquée notamment par le désarmement nucléaire. La période qui court de 1972 à 1975 se caractérise par une volonté réelle de rapprochement entre l'Union soviétique et les États-Unis. De nombreux accords sont ensuite conclus entre Brejnev et Nixon sur les plans économique, politique et militaire, tels que l'accord SALT 1 (*Strategic Arms Limitation Talks*) qui limite le nombre de missiles intercontinentaux détenus par les puissances. Les accords commerciaux engendrent quant à eux une multiplication par huit des échanges commerciaux entre les États-Unis et l'Union soviétique.

Des rapprochements nationaux surviennent également en Europe entre deux grands rivaux historiques, la France et l'Allemagne. Les relations entre les deux Allemagne s'améliorent grâce à l'élection du chancelier Willy Brandt (1913-1992), en 1969, et à la conduite d'une politique ouverte vers l'Est, qui permet à l'Union soviétique de commercer avec la RFA. La Belgique joue, quant à elle, un rôle précieux de médiateur entre les Occidentaux et les pays d'Europe de l'Est, ce qui facilite les relations entre les deux Allemagne et adoucit la politique de l'OTAN. Cette phase de détente atteint son apogée en 1975 avec les accords d'Helsinki auxquels ont participé les États-Unis, le Canada, l'Union soviétique et la quasi-totalité des pays européens en vue d'une harmonisation générale des relations internationales, de la coopération économique et des Droits de l'homme. Mais l'apaisement est fragile et plusieurs événements viennent bientôt refroidir les relations internationales.

LA « GUERRE FRAÎCHE » (1979-1983)

Lorsque Richard Nixon est élu à la présidence en 1969, les États-Unis sont embourbés dans la guerre du Viêt Nam. Des manifestations émergent dans tout le pays, divisant l'Amérique entre partisans et opposants au conflit. Cette situation finit par entraîner le retrait quasi total des troupes américaines en 1973. Les difficultés économiques s'aggravent plus encore lorsque, en réaction au soutien américain apporté à l'armée israélienne dans la guerre du Kippour (1973), les pays exportateurs de pétrole décident de multiplier par quatre le prix du brut à l'exportation. Cette crise pétrolière plonge rapidement les économies les plus avancées dans la récession. Parallèlement, le monde politique américain est secoué par la démission de Richard Nixon le 9 août 1974, faisant suite au scandale du Watergate. Le 30 avril 1975, les troupes nord-vietnamiennes, soutenues par le Laos et le Cambodge, prennent le contrôle du Sud Viêt Nam à Saigon, humiliant les États-Unis dont les derniers soldats en place sont contraints de prendre la fuite.

Lors des élections de 1976, Jimmy Carter (né en 1924) est élu à la présidence des États-Unis. Sa politique « pacifiste » à l'égard d'une Union soviétique menaçante ne plaît guère aux Américains. Et pour cause, un retour à la guerre froide s'amorce à la fin des années soixante-dix. En effet, le communisme se propage en Asie du Sud-Est, et les Soviétiques profitent de la décolonisation du Mozambique et de l'Angola pour y installer des troupes. En 1977, ils tentent de déstabiliser les États-Unis en installant une série de missiles à charge nucléaire en direction de l'Europe. Jimmy Carter espère alors convaincre Brejnev de les retirer, en vain. L'OTAN réagit et décide de faire plier l'homme d'État russe en le menaçant d'installer des missiles dirigés vers l'Union soviétique en Europe. La crise des Euromissiles vient tout juste d'éclater, et des manifestations soutenues par les partis communistes s'organisent dans les capitales occidentales. La situation s'envenime plus encore en décembre 1979, lorsque les troupes russes décident d'envahir l'Afghanistan afin de protéger le régime communiste de Kaboul et de repousser la révolution musulmane qui attise les tensions. Les Américains, qui ont déjà perdu le contrôle de l'Iran suite à la révolution islamique, doivent impérativement se maintenir au sein de cette région éminemment stratégique. L'opinion publique est révoltée par la manœuvre soviétique, et l'armée américaine soutient donc les guérillas musulmanes en Afghanistan. Ce choix d'agresser un pays asiatique est très mal vu par le tiers-monde, qui s'éloigne de Moscou, tout comme les pays d'Europe de l'Est, qui se rapprochent économiquement et socialement des pays occidentaux. L'Union soviétique s'isole de plus en plus sur la scène internationale et plonge dans une grave crise économique que le président américain Ronald Reagan (1911-2004), élu en 1981, ne tardera pas à exploiter. La mort de Brejnev, en 1982, entraîne une période de transition au sein de l'autorité soviétique. Le pouvoir est confié à Iouri Andropov (1914-1984), puis à Konstantin Tchernenko (1911-1985), mais ceux-ci ne parviennent pas à redresser l'Union soviétique.

Prenant conscience de leur supériorité, les États-Unis comprennent qu'ils ont la possibilité d'en terminer définitivement avec la guerre froide en attaquant les points faibles de l'Union soviétique. De concert avec sa conseillère en politique étrangère Jeane Kirkpatrick (1926-2006), Reagan engage une lutte féroce contre l'Union soviétique afin de refouler le communisme mondial. À cet effet, la doctrine Reagan soutient des dictatures anticommunistes en Amérique centrale pour s'opposer au mouvement sandiniste (mouvement révolutionnaire d'inspiration marxiste). Dans ce cadre, des milices sont formées par les Américains (les *contras*) à partir de 1981, dont l'action, atroce, est justifiée par l'administration américaine comme une nécessité pour vaincre le mal. Cette politique est soutenue en Europe par de nouveaux élus, Margaret Thatcher

(1925-2013) en Grande-Bretagne et Helmut Kohl (né en 1930) en Allemagne de l'Ouest, tous deux viscéralement anticommunistes. Dans le cadre du conflit qui l'oppose à Brejnev concernant la sécurité de l'Europe, Ronald Reagan fait installer par l'OTAN les missiles contestés. Les tensions sont à leur comble lorsque, le 5 mars 1983, un avion civil sud-coréen est abattu par l'armée soviétique près des côtes chinoises, ne laissant aucun survivant.

Également embourbés en Afghanistan, les Soviétiques perdent la guerre des armes face aux États-Unis. En 1983, Reagan décide de lancer un projet spatial gigantesque, l'Initiative de Défense stratégique (IDS), aussitôt baptisée « guerre des étoiles », permettant d'annihiler la puissance militaire soviétique. Si les Russes cherchent à mettre tout ce qui leur reste d'énergie dans la relance de leur complexe militaro-industriel, les États-Unis sont désormais bien plus avancés dans ce domaine-là.

LA FIN DE LA GUERRE (1985-1988)

Au mois de février 1985, Mikhaïl Gorbatchev (né en 1931) prend les rênes du pouvoir en URSS et annonce une réforme étatique de grande ampleur basée sur la transparence vis-à-vis des problèmes réels de l'Union soviétique (la *glasnost*), qui comprend la reconstruction de l'économie et de la vie politique (*perestroïka*). Bien conscient de l'avancée considérable des Américains en matière économique et militaire, le dirigeant soviétique se rapproche des États-Unis. Ensemble, ils s'accordent pour réduire l'armement. De cette manière, Gorbatchev pense maintenir le système bipolaire en place. En avril 1988, il retire ses troupes d'Afghanistan. Les régimes communistes commencent alors à s'écrouler à travers le monde, d'abord en Afrique puis en Asie. Si, à l'extérieur, le leader soviétique tente de maintenir les États satellites d'Europe de l'Est et de renouer une bonne entente avec la Chine, à l'intérieur du pays, il est de plus en plus isolé. Sa politique de transparence engendre en effet plus d'incompréhension que d'apaisement au sein d'une population russe qui s'informe désormais mieux que par le passé. De plus, au sein même du parti communiste, des dissensions font naître des fissures entre l'aile « libérale » et l'aile conservatrice. Peu à peu, les États fédérés demandent leur indépendance. La Pologne est la première à se libérer du joug soviétique, suivie par le reste de l'Europe de l'Est. Au mois de novembre 1989 a lieu la chute du mur de Berlin qui mène à la réunification de l'Allemagne, moins d'un an plus tard. L'élite politique soviétique, qui ne croit plus à un redressement du régime, profite bientôt de sa position pour s'emparer de ce qu'il reste de l'appareil économique de l'État, le transformant progressivement en une oligarchie. Le régime s'effondre définitivement dans le courant l'année 1991, mettant fin à 45 années de guerre froide.

RÉPERCUSSIONS

UNE AMÉRIQUE TOUTE-PUISSANTE ?

Avec la fin du système bipolaire, les États-Unis deviennent une puissance politique, économique, militaire et culturelle considérable, contre laquelle aucun autre pays n'est à l'époque en mesure de rivaliser. Des intellectuels s'exprimant à la fin des années quatre-vingt se demandent même si cette situation ne signifie pas la fin de l'Histoire et l'émergence d'un monde dans lequel plus aucune opposition ne serait possible. Pourtant, après dix ans d'une forte domination, les attaques terroristes du 11 septembre 2001, à New York, démontrent qu'il existe des forces capables de déstabiliser la plus grande puissance mondiale.

L'ONU ET LA MAINMISE DES ÉTATS-UNIS

Dès 1991, l'ONU devient l'organe central du maintien de la paix dans le monde. Désormais libérés des conflits permanents qui opposaient les grandes puissances durant la guerre froide, les Américains, qui sont à l'origine de sa formation, font plus facilement intervenir la force diplomatique de l'institution pour décourager ou encourager un conflit, en fonction de leurs propres intérêts. Le premier exemple significatif de cette domination américaine est la première guerre du Golfe, qui débute en janvier 1991 avec l'appui de l'ONU. Ce conflit, d'une très courte durée (du 17 janvier au 28 février), prouve l'étendue de la supériorité militaire des États-Unis. Mais d'autres conflits montrent par la suite l'inadéquation entre la volonté de paix prônée par les États-Unis et leurs actions concrètes. L'État d'Israël, considéré par certains conservateurs comme une « province américaine », est par exemple peu inquiété par l'ONU, malgré le caractère controversé de ses actions envers le peuple palestinien. L'Afrique, qui représente peu d'intérêt pour les États-Unis, sera très vite abandonnée, malgré l'atrocité des guerres qui s'y déroulent, l'étendue de la famine et la pauvreté qui l'envahit.

UNE NOUVELLE ÈRE ÉCONOMIQUE

La fin de la guerre froide ouvre la voie, dans les années quatre-vingt, à une nouvelle ère économique, celle de la mondialisation. La chute du bloc communiste laisse aux États-Unis la possibilité de généraliser leur système libéral sur un plus vaste territoire. Le Fonds monétaire international (FMI) et la Banque mondiale, nés au moment des accords du GATT, en 1947, deviennent les principaux instruments servant à réguler le nouvel ordre économique.

L'Union européenne, quant à elle, est devenue une communauté économique de libre échange en 1957. Poursuivant l'objectif de libéraliser le continent européen sur la plus large base possible, elle s'étend dans un premier temps aux pays du sud (Portugal, Grèce, Espagne), puis à la Scandinavie et enfin, plus de dix ans après la fin de la guerre froide, aux pays d'Europe de l'Est (pays Baltes, Croatie, Slovénie, Pologne, Slovaquie et République tchèque).

En Asie, enfin, le Japon sort de la guerre froide en position de force, mais subit par la suite une crise économique continue. La Chine au contraire, qui lie désormais son régime communiste à l'économie capitaliste, connaît un essor économique fulgurant à partir des années quatre-vingt-dix, et atteint le rang de troisième puissance économique mondiale en 2009. De son côté, la Russie réapparaît en force sur l'échiquier international dans le courant des années 2000.

LA MONTÉE DE NOUVEAUX CONFLITS

Certains États ne participent cependant pas à ces progrès. Le tiers-monde en tant que tout cohérent se divise et finit par disparaître. Malgré des progrès réels en termes de soins de santé, les taux de mortalité dans les pays de l'hémisphère sud sont très préoccupants. En Afrique, le retrait des puissances alliées, occidentales et soviétiques, déclenche des guerres d'une violence inouïe. En Amérique latine, des réseaux mafieux se substituent à des gouvernements faibles ou corrompus pour organiser un trafic de drogue destiné en premier lieu aux États-Unis et à l'Europe. En Colombie et en Bolivie, notamment, des cartels géants se mettent en place et étendent leur influence à toute la société, engendrant également un nombre élevé de violences létales. En Asie, des gouvernements communistes hostiles aux Occidentaux perdurent principalement en Corée du Nord, où le régime continue d'agir comme un État du bloc soviétique.

Mais le point de friction le plus sensible se situe au Proche-Orient. La guerre du Golfe de 1991 a déstabilisé les relations dans la région, entre les conservateurs et les nationalistes, mais également entre mouvements religieux (chiisme, sunnisme, wahhâbisme, etc.). De plus l'occupation quasi permanente du Proche-Orient par les Occidentaux depuis la colonisation engendre des hostilités qui s'attisent avec le conflit israélo-palestinien. La prise du pouvoir des partis religieux en Iran en 1979, puis en Afghanistan en 1988, annonce une radicalisation envers les Occidentaux après la guerre froide. Si le terrorisme est présent dans la région depuis les années soixante, il s'accroît considérablement à partir des années quatre-vingt. Constituant initialement pour les peuples une forme de lutte prolétaire visant à protester contre la misère sociale qui les touche, ce type de violence est progressivement utilisé comme moyen de pression et de résistance dans les relations internationales, pour enfin s'associer à certains courants extrémistes de l'islam.

L'islamisme fondamentaliste prêché par une petite minorité de croyants islamiques, se fait l'ennemi du matérialisme, du monde de la finance internationale, de l'économie de marché, dont les États-Unis constituent les plus grands représentants et qui, de plus, soutiennent Israël tout en profitant du pétrole arabe.

Fév. 1945	Conférence de Yalta
26 juin 1945	Création de l'ONU
Juil.-août 1945	Conférence de Postdam
14 août 1945	Fin de la Seconde Guerre mondiale
Mars 1947	Mise en place de la doctrine Truman
Avril 1947	Mise en place du plan Marshall
Sept. 1947	Mise en place de la doctrine Jdanov
4 avril 1949	Création de l'OTAN
1949	Division de l'Allemagne en deux entités distinctes
Juil. 1949	L'URSS se dote d'un armement nucléaire
1950-1953	Guerre de Corée
Mars 1953	Mort de Staline

1953	Avènement de Khrouchtchev
12-13 août 1961	Édification du mur de Berlin
1962	Crise des missiles de Cuba
1964-1975	Période de détente
Déc. 1979	Invasion de l'Afghanistan par l'URSS
1979-1983	La guerre fraîche
1985	Arrivée au pouvoir de Gorbatchev
9 nov. 1989	Chute du mur de Berlin
1991	Fin de l'URSS et de la guerre froide

POUR ALLER PLUS LOIN

SOURCES BIBLIOGRAPHIQUES

- BERGHAHN (Volker R.), *America and the Intellectual Cold Wars in Europe*, Princeton, Princeton University Press, 2001.
- BERSTEIN (Serge) et MILZA (Pierre), *Histoire du XXe siècle. 1945-1973*, t. 2, Paris, Hatier, 1996.
- BEST (Antony), HANHIMÄKI (Jussi M.), MAIOLO (Joseph A.) et SCHULZE (Kirsten E.), *International History of the Twentieth Century*, London, Routledge, 2004.
- CORM (Georges), *Histoire du Moyen-Orient*, Paris, La Découverte, 2007.
- DEFTY, (Andrew), *Britain, America and Anticommunist Propaganda (1945-1953)*, London, Routledge, 2005.
- DOCKRILL (Saki R.) et HUGHES (Geraint), *Palgrave Advances in Cold War History*, Basingstoke, Palgrave MacMillan, 2006.
- FONTAINE (André), *La guerre froide, 1917-1991*, Paris, La Martinière, 2004.
- GADDIS, (John Lewis), *George F. Kennan : An American Life*, London, Penguin, 2012.
- GROSSER (Pierre), *1989. L'année où le monde a basculé*, Paris, Perrin, 2009.
- HARMAN (Chris), *Un siècle d'espoir et d'horreur. Une histoire populaire du XXe siècle*, Paris, La Découverte, 2013.
- HEFFER (Jean), *La fin du XXe siècle. De 1973 à nos jours*, Paris, Hachette, 2000.
- HOBSBAWM (Eric J.), *L'âge des extrêmes. Histoire du court XXe siècle*, Bruxelles, Complexe, 1999.
- LAGROU (Pieter), *Mémoire patriotique et occupation nazie*, Bruxelles, Complexe, 2003.

- Leffler (Melvin) et Westad (Odd Arne), *The Cambridge History of the Cold War. Crises and Détente*, t. 2, Cambridge, Cambridge University Press, 2010.
- Mazower (Mark), *Le continent des ténèbres. Une histoire de l'Europe au xxe siècle*, Bruxelles, Complexe, 1998.
- Osgood (Kenneth), *Total Cold War : Eisenhower's Secret Propaganda Battle at Home and Abroad*, Lawrence, University Press of Kansas, 2006.
- Prévot (Dominique), *xxe, le siècle des illusions*, Paris, Ellipses, 2001.
- Raleigh (Donald. J.), *Soviet Baby Boomers, An Oral History of Russia's Cold War Generation*, Oxford, Oxford University Press, 2013.
- Vaïsse (Maurice), *Dictionnaire des relations internationales de 1900 à nos jours*, Paris, Armand Colin, 2000.
- Vandermotten (Christian) et Vandeburie (Julien), *Territorialités et politique*, Bruxelles, Éditions de l'Université libre de Bruxelles, 2005.
- Werth (Nicolas), *Histoire de l'Union soviétique*, Paris, PUF, 1990.

www.50minutes.com

Éditeur responsable : Lemaitre Publishing
Rue Lemaitre 4 | BE-5000 Namur
info@lemaitre-editions.com

ISBN ebook : 978-2-8062-5916-5
ISBN papier : 978-2-8062-5917-2
Dépôt légal : D/2014/12603/227
Photo de couverture : © The Central Intelligence Agency.

Conception numérique : Primento,
le partenaire numérique des éditeurs